STUDENTS WORKING PAPERS

How to do Accounting I

©2005 by James E. Foote
TX 6-255-314

Table of Contents

Student Name

DRILL #1
Problem Analyzer Sheet ©

Enter		Prob	Name of the Account	Classify	Account		Amount
D	C	#	(Cash, Supplies, Acc. Pay, Capital)	A,L,I,C,E,D	+	-	$$

				Student Name			

DRILL #2
Problem Analyzer Sheet ©

Enter		Prob	Name of the Account	Classify	Account		Amount
D	C	#	(Cash, Supplies, Acc. Pay, Capital)	A,L,I,C,E,D	+	-	$$

Student Name	

DRILL #3
Problem Analyzer Sheet ©

Enter		Prob	Name of the Account	Classify	Account		Amount
D	C	#	(Cash, Supplies, Acc. Pay, Capital)	A,L,I,C,E,D	+	-	$$

Students Name_____

Joe's Jalopy Wash
Problem Analyzer Sheet ©

Enter		Prob	Name of the Account	Classify	Account		Amount
D	C	#	(Cash, Supplies, Acc. Pay, Capital)	A,L,I,C,E,D	+	-	$$

1.1

Students Name_____

Bill Miller Dollars and Cents
Problem Analyzer Sheet ©

Problem	1.2						
Enter		Prob	**Name of the Account**	**Classify**	**Account**		**Amount**
D	C	#	(Cash, Supplies, Acc. Pay, Capital)	A,L,I,C,E,D	+	-	$$

1.2 Continued

Student_____

Bill Miller Dollars and Cents
Problem Analyzer Sheet ©

Enter		Prob	Name of the Account	Classify	Account		Amount
D	C	#	(Cash, Supplies, Acc. Pay, Capital)	A,L,I,C,E,D	+	-	$$

Karen Jantzen

#1.3 Continued

Students Name_____

Karen Jantzen
Problem Analyzer Sheet ©

Problem	**1.3**						

Enter		Prob	Name of the Account	Classify	Account		Amount
D	C	#	(Cash, Supplies, Acc. Pay, Capital)	A,L,I,C,E,D	+	-	$$

Students Name_____

Dugger DoLittle
Problem Analyzer Sheet ©

Problem **1.4**

Enter		Prob	Name of the Account	Classify	Account		Amount
D	C	#	(Cash, Supplies, Acc. Pay, Capital)	A,L,I,C,E,D	+	-	$$

Students Name_____

Dugger DoLittle
Problem Analyzer Sheet ©

Problem   **1.4**

Enter		Prob	Name of the Account	Classify	Account		Amount
D	C	#	(Cash, Supplies, Acc. Pay, Capital)	A,L,I,C,E,D	+	-	$$

Student Name_____

John Henderson
2.1   **GENERAL JOURNAL**   Page_____

	DATE		DESCRIPTION	PR	DEBIT	CREDIT
1						
2						
3						
4						
5						
6						
7						
8						
9						
10						
11						
12						
13						
14						
15						
16						
17						
18						
19						
20						
21						
22						
23						
24						
25						
26						
27						
28						
29						
30						
31						
32						

2.2 Floyd Spencer – General Journal

Student Name_____

Floyd Spencer
2.2   GENERAL JOURNAL

Page_____

	DATE		DESCRIPTION	PR	DEBIT	CREDIT
1						
2						
3						
4						
5						
6						
7						
8						
9						
10						
11						
12						
13						
14						
15						
16						
17						
18						
19						
20						
21						
22						
23						
24						
25						
26						
27						
28						
29						
30						
31						
32						

2.3 Karen Jantzen – General Journal

Use Problem Analyzer Sheet from Problem 1.3   Student Name_____

Karen Jantzen

2.3   **GENERAL JOURNAL**   Page_____

	DATE		DESCRIPTION	PR	DEBIT	CREDIT
1						
2						
3						
4						
5						
6						
7						
8						
9						
10						
11						
12						
13						
14						
15						
16						
17						
18						
19						
20						
21						
22						
23						
24						
25						
26						
27						
28						
29						
30						
31						
32						

2.4 Dugger DoLittle – General Journal

Use Problem Analyzer Sheet from Problem 1.4   Student Name_____

Dugger DoLittle
| 2.4 | GENERAL JOURNAL | | Page_____ |

	DATE		DESCRIPTION	PR	DEBIT	CREDIT
1						
2						
3						
4						
5						
6						
7						
8						
9						
10						
11						
12						
13						
14						
15						
16						
17						
18						
19						
20						
21						
22						
23						
24						
25						
26						
27						
28						
29						
30						
31						
32						

2.4 Dugger DoLittle - General Journal page 2

Use Problem Analyzer Sheet from Problem 1.4   Student Name_____

Dugger DoLittle

2.4	GENERAL JOURNAL		Page_____

	DATE	DESCRIPTION	PR	DEBIT	CREDIT
1					
2					
3					
4					
5					
6					
7					
8					
9					
10					
11					
12					
13					
14					
15					
16					
17					
18					
19					
20					
21					
22					
23					
24					
25					
26					
27					
28					
29					
30					
31					
32					

Student Name_____

John Henderson

3.1   GENERAL LEDGER

Account Name   **CASH**   Number   110

DATE	ITEM	PR	DEBIT	DATE	ITEM	PR	CREDIT

Account Name   **SUPPLIES**   Number   120

DATE	ITEM	PR	DEBIT	DATE	ITEM	PR	CREDIT

Account Name   **PREPAID INSURANCE**   Number   125

DATE	ITEM	PR	DEBIT	DATE	ITEM	PR	CREDIT

Account Name   **GOOD FOODS PAYABLE**   Number   210

DATE	ITEM	PR	DEBIT	DATE	ITEM	PR	CREDIT

Account Name   **John Henderson, Capital**   Number   310

DATE	ITEM	PR	DEBIT	DATE	ITEM	PR	CREDIT

Account Name | **John Henderson, Drawing** | Number 320

DATE	ITEM	PR	DEBIT	DATE	ITEM	PR	CREDIT

Account Name | **SALES** | Number 410

DATE	ITEM	PR	DEBIT	DATE	ITEM	PR	CREDIT

Account Name | **RENT EXPENSE** | Number 510

DATE	ITEM	PR	DEBIT	DATE	ITEM	PR	CREDIT

Account Name | **UTILITIES EXPENSE** | Number 515

DATE	ITEM	PR	DEBIT	DATE	ITEM	PR	CREDIT

Account Name | **WAGE EXPENSE** | Number 520

DATE	ITEM	PR	DEBIT	DATE	ITEM	PR	CREDIT

Account Name | | Number

DATE	ITEM	PR	DEBIT	DATE	ITEM	PR	CREDIT

3.1 Johnson Henderson - Trial Balance and Income Statement

Student Name_____

John Henderson
Trial Balance

#3-1

	DESCRIPTION	PR	DEBIT	CREDIT
1				
2				
3				
4				
5				
6				
7				
8				
9				
10				
11				
12				
13				
14				

Challenge   Student Name_____

John Henderson
Income Statement

Date

#3.1

	DESCRIPTION			
1				
2				
3				
4				
5				
6				
7				
8				
9				
10				
11				

2.1 John Henderson - Capital Statement and Balance Sheet

Student Name_____

John Henderson
Capital Statement
Date

3.1

1														
2														
3														
4														
5														
6														
7														
8														
9														

Student Name_____

John Henderson
Balance Sheet
Date

3.1

	Accounts													
1														
2														
3														
4														
5														
6														
7														
8														
9														
10														
11														
12														
13														
14														

Student Name_____

Floyd Spencer

3.2 GENERAL LEDGER

Account Name **CASH** Number 110

DATE	ITEM	PR	DEBIT	DATE	ITEM	PR	CREDIT

Account Name **SUPPLIES** Number 120

DATE	ITEM	PR	DEBIT	DATE	ITEM	PR	CREDIT

Account Name **OFFICE SUPPLIES** Number 125

DATE	ITEM	PR	DEBIT	DATE	ITEM	PR	CREDIT

Account Name **BEST BUY PAYABLE** Number 210

DATE	ITEM	PR	DEBIT	DATE	ITEM	PR	CREDIT

Account Name **STOP & GO PAYABLE** Number 215

DATE	ITEM	PR	DEBIT	DATE	ITEM	PR	CREDIT

Account Name **Floyd Spencer, CAPITAL** Number 310

DATE	ITEM	PR	DEBIT	DATE	ITEM	PR	CREDIT

Account Name						**Floyd Spencer, Drawing**									Number		320		
DATE	ITEM	PR			DEBIT			DATE	ITEM	PR			CREDIT						

Account Name						**SALES**									Number		410		
DATE	ITEM	PR			DEBIT			DATE	ITEM	PR			CREDIT						

Account Name						**ADVERTISING EXPENSES**									Number		505		
DATE	ITEM	PR			DEBIT			DATE	ITEM	PR			CREDIT						

Account Name						**RENT EXPENSE**									Number		510		
DATE	ITEM	PR			DEBIT			DATE	ITEM	PR			CREDIT						

Account Name						**UTILITIES EXPENSE**									Number		515		
DATE	ITEM	PR			DEBIT			DATE	ITEM	PR			CREDIT						

Account Name						**WAGES EXPENSE**									Number		520		
DATE	ITEM	PR			DEBIT			DATE	ITEM	PR			CREDIT						

3.2 Floyd Spencer - Trial Balance and Income Statement

Student Name_____

Floyd Spencer
Trial Balance

#3.2

	DESCRIPTION	PR	DEBIT	CREDIT
1				
2				
3				
4				
5				
6				
7				
8				
9				
10				
11				
12				
13				
14				
15				

Floyd Spencer
Income Statement

Date

#3.2

	Accounts				
1					
2					
3					
4					
5					
6					
7					
8					
9					
10					
11					

2.2 Floyd Spencer - Capital Statement and Balance Sheet

Student Name_____

Floyd Spencer
Capital Statement

Date

#3.2

1								
2								
3								
4								
5								
6								
7								
8								
9								

Student Name_____

Floyd Spencer
Balance Sheet

Date

#3.2

	Accounts							
1								
2								
3								
4								
5								
6								
7								
8								
9								
10								
11								
12								
13								
14								
15								
16								

Student Name_____

Karen Jantzen

3.3 GENERAL LEDGER

Account Name **CASH** Number 110

DATE	ITEM	PR	DEBIT	DATE	ITEM	PR	CREDIT

Account Name **CLEANING SUPPLIES** Number 120

DATE	ITEM	PR	DEBIT	DATE	ITEM	PR	CREDIT

Account Name **CLEANING EQUIPMENT** Number 130

DATE	ITEM	PR	DEBIT	DATE	ITEM	PR	CREDIT

Account Name **TRUCK** Number 140

DATE	ITEM	PR	DEBIT	DATE	ITEM	PR	CREDIT

Account Name **SILVER SUPPLY PAYABLE** Number 210

DATE	ITEM	PR	DEBIT	DATE	ITEM	PR	CREDIT

Account Name **MN MOTORS PAYABLE** Number 215

DATE	ITEM	PR	DEBIT	DATE	ITEM	PR	CREDIT

2.3 Karen Jantzen - General Ledger page 2

Account Name   **KAREN JANTZEN, CAPITAL**   Number   310

DATE	ITEM	PR	DEBIT	DATE	ITEM	PR	CREDIT

Account Name   **KAREN JANTZEN, DRAWING**   Number   320

DATE	ITEM	PR	DEBIT	DATE	ITEM	PR	CREDIT

Account Name   **SERVICES**   Number   410

DATE	ITEM	PR	DEBIT	DATE	ITEM	PR	CREDIT

Account Name   **ADVERTISING EXPENSE**   Number   515

DATE	ITEM	PR	DEBIT	DATE	ITEM	PR	CREDIT

Account Name   **GAS & OIL EXPENSE**   Number   520

DATE	ITEM	PR	DEBIT	DATE	ITEM	PR	CREDIT

Account Name   **MISCELLANEOUS EXPENSE**   Number   525

DATE	ITEM	PR	DEBIT	DATE	ITEM	PR	CREDIT

Account Name   **SALARY EXPENSE**   Number   530

DATE	ITEM	PR	DEBIT	DATE	ITEM	PR	CREDIT

Account Name   **UTILITIES EXPENSE**   Number   535

DATE	ITEM	PR	DEBIT	DATE	ITEM	PR	CREDIT

3.3 Karen Jantzen - Trial Balance

Student Name_____

Karen Jantzen
Trial Balance

#3.3

	DESCRIPTION	PR	DEBIT	CREDIT
1				
2				
3				
4				
5				
6				
7				
8				
9				
10				
11				
12				
13				
14				
15				
16				
17				
18				
19				
20				
21				
22				
23				
24				
25				
26				
27				
28				
29				
30				
31				

Student Name_____

Dugger Dolittle

3.4   GENERAL LEDGER

Account Name   **CASH**   Number   110

DATE	ITEM	PR	DEBIT	DATE	ITEM	PR	CREDIT

Account Name   **ACCOUNTS RECEIVIABLE**   Number   120

DATE	ITEM	PR	DEBIT	DATE	ITEM	PR	CREDIT

Account Name   **OFFICE SUPPLIES**   Number   130

DATE	ITEM	PR	DEBIT	DATE	ITEM	PR	CREDIT

Account Name   **PREPAID INSURANCE**   Number   135

DATE	ITEM	PR	DEBIT	DATE	ITEM	PR	CREDIT

Account Name   **OFFICE EQUIPMENT**   Number   145

DATE	ITEM	PR	DEBIT	DATE	ITEM	PR	CREDIT

Account Name   **ABC PAYABLE**   Number   210

DATE	ITEM	PR	DEBIT	DATE	ITEM	PR	CREDIT

Account Name   **MIKES' MOTORS PAYABLE**   Number   215

DATE	ITEM	PR	DEBIT	DATE	ITEM	PR	CREDIT

3.4 Dugger DoLittle - General Ledger page 2

Account Name			**DUGGER DoLITTLE, CAPITAL**				Number	310
DATE	ITEM	PR	DEBIT	DATE	ITEM	PR	CREDIT	

Account Name			**DUGGER DoLITTLE, Drawing**				Number	320
DATE	ITEM	PR	DEBIT	DATE	ITEM	PR	CREDIT	

Account Name			**SERVICES**				Number	410
DATE	ITEM	PR	DEBIT	DATE	ITEM	PR	CREDIT	

Account Name			**ADVERTISING EXPENSE**				Number	520
DATE	ITEM	PR	DEBIT	DATE	ITEM	PR	CREDIT	

Account Name			**RENT EXPENSE**				Number	525
DATE	ITEM	PR	DEBIT	DATE	ITEM	PR	CREDIT	

Account Name			**TRUCK REPAIR EXPENSE**				Number	535
DATE	ITEM	PR	DEBIT	DATE	ITEM	PR	CREDIT	

Account Name			**UTILITIES EXPENSE**				Number	540
DATE	ITEM	PR	DEBIT	DATE	ITEM	PR	CREDIT	

Account Name			**MISCELLANEOUS EXPENSE**				Number	550
DATE	ITEM	PR	DEBIT	DATE	ITEM	PR	CREDIT	

2.4 Dugger DoLittle - Trial Balance and Income Statement

Student Name_____

Dugger DoLittle
Trial Balance

#3.4

	DESCRIPTION	PR	DEBIT	CREDIT
1				
2				
3				
4				
5				
6				
7				
8				
9				
10				
11				
12				
13				
14				
15				
16				
17				

Student Name_____

Dugge DoLittle
Income Statement
Date

#3.4

	Accounts				
1					
2					
3					
4					
5					
6					
7					
8					
9					
10					
11					

Student Name_____

Dugger DoLittle
Capital Statement

Date

#3.4

1															
2															
3															
4															
5															
6															
7															
8															

Dugger DoLittle
Balance Sheet

Date

#3.4

	Accounts														
1															
2															
3															
4															
5															
6															
7															
8															
9															
10															
11															
12															
13															
14															
15															
16															
17															
18															

Student Name_____

Nancy Martin

4.1   **CASH JOURNAL**   Page_____

CASH		DATE		DESCRIPTION	Post	GENERAL	
Debit	Credit	Month	Day		Ref	Debit	Credit

4.1 Nancy Martin - General Ledger

Student Name_____

Nancy Martin
General Ledger

Account SAMPLE   No. Sample

DATE	ITEM	PR	Debit	Credit	BALANCE Debit	BALANCE Credit
May 15		3	10 0 0 0 50		10 0 0 0 50	
16		3		5 0 2 5 50	4 9 7 5 0	

Account CASH   No. 110

DATE	ITEM	PR	Debit	Credit	BALANCE Debit	BALANCE Credit

Account OFFICE SUPPLIES   No. 115

DATE	ITEM	PR	Debit	Credit	BALANCE Debit	BALANCE Credit

Account PREPAID INSURANCE   No. 120

DATE	ITEM	PR	Debit	Credit	BALANCE Debit	BALANCE Credit

Account LIMOUSINE #1   No. 125

DATE	ITEM	PR	Debit	Credit	BALANCE Debit	BALANCE Credit

Account **D-MART PAYABLE** No. 210

					BALANCE	
DATE	ITEM	PR	Debit	Credit	Debit	Credit

Account **TN MOTORS PAYABLE** No. 220

					BALANCE	
DATE	ITEM	PR	Debit	Credit	Debit	Credit

Account **NANCY MARTIN, CAPITAL** No. 310

					BALANCE	
DATE	ITEM	PR	Debit	Credit	Debit	Credit

Account **NANCY MARTIN, DRAWING** No. 320

					BALANCE	
DATE	ITEM	PR	Debit	Credit	Debit	Credit

Account **REVENUE** No. 410

					BALANCE	
DATE	ITEM	PR	Debit	Credit	Debit	Credit

4.1 Nancy Martin - General Ledger page 3

Account **ADVERTISING EXPENSE**   No. 510

DATE	ITEM	PR	Debit	Credit	BALANCE Debit	BALANCE Credit

Account **AUTO SERVICE EXPENSE**   No. 520

DATE	ITEM	PR	Debit	Credit	BALANCE Debit	BALANCE Credit

Account **RENT EXPENSE**   No. 525

DATE	ITEM	PR	Debit	Credit	BALANCE Debit	BALANCE Credit

Account **UTILITY EXPENSE**   No. 530

DATE	ITEM	PR	Debit	Credit	BALANCE Debit	BALANCE Credit

Account **WAGE EXPENSE**   No. 535

DATE	ITEM	PR	Debit	Credit	BALANCE Debit	BALANCE Credit

Account **MISCELLANEOUS EXPENSE**   No. 540

DATE	ITEM	PR	Debit	Credit	BALANCE Debit	BALANCE Credit

4.1 Nancy Martin - Trial Balance

Student Name_____

Nancy Martin
Trial Balance

#4.1

	DESCRIPTION	PR	DEBIT	CREDIT
1				
2				
3				
4				
5				
6				
7				
8				
9				
10				
11				
12				
13				
14				
15				
16				
17				
18				
19				
20				
21				
22				
23				
24				
25				
26				
27				
28				
29				
30				
31				
32				

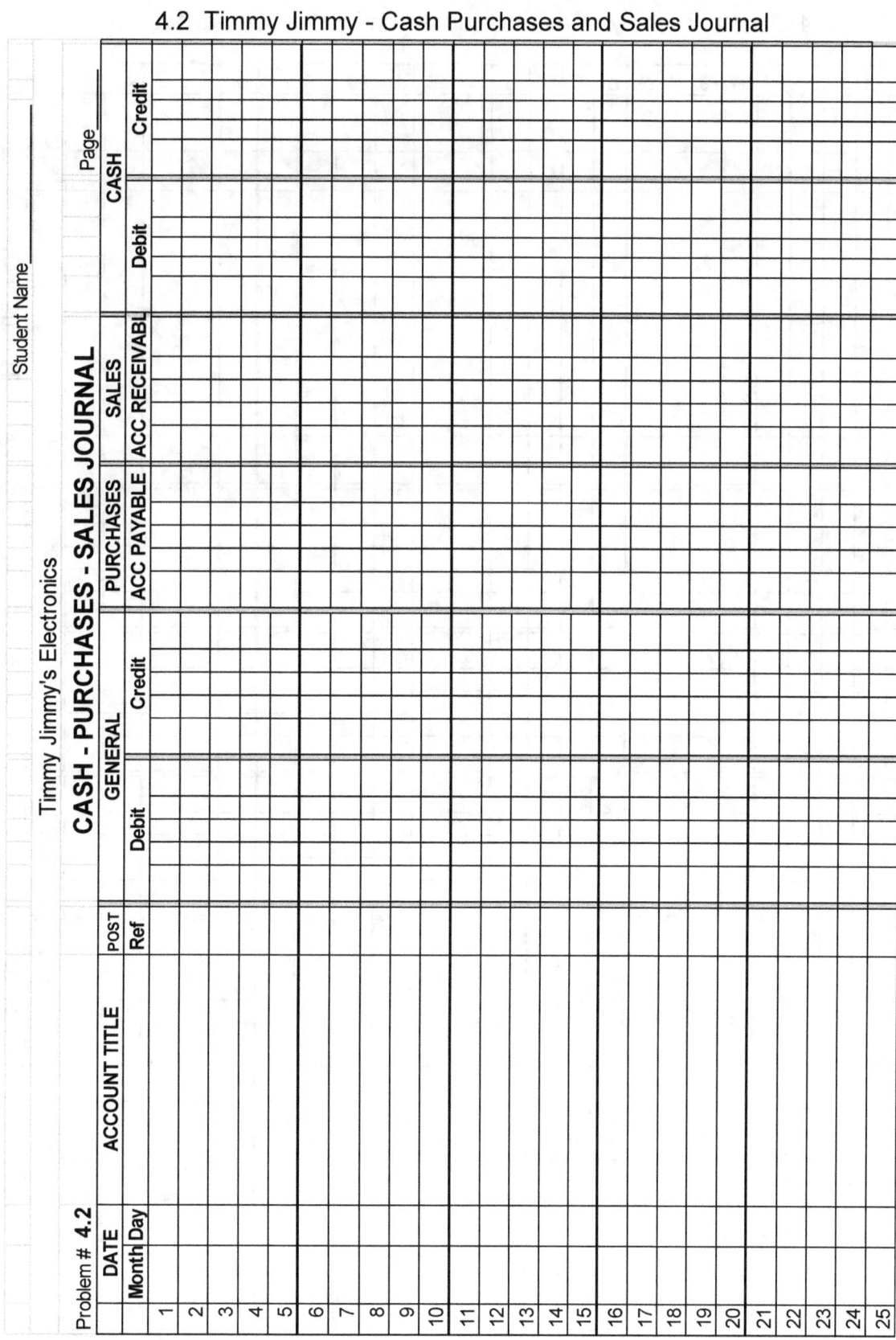

4.2 Timmy Jimmy - Cash Purchases and Sales Journal

Student Name _____

Page _____

Timmy Jimmy's Electronics

CASH - PURCHASES - SALES JOURNAL

Problem # **4.2**

	DATE		ACCOUNT TITLE	POST	GENERAL		PURCHASES	SALES	CASH	
	Month	Day		Ref	Debit	Credit	ACC PAYABLE	ACC RECEIVABL	Debit	Credit
1										
2										
3										
4										
5										
6										
7										
8										
9										
10										
11										
12										
13										
14										
15										
16										
17										
18										
19										
20										
21										
22										
23										
24										
25										

4.2 Timmy Jimmy - Cash Purchases and Sales Journal page 2

DATE		ACCOUNT TITLE	POST	GENERAL		PURCHASES	SALES	CASH	
Month	Day		Ref	Debit	Credit	ACC PAYABLE	ACC RECEIVABL	Debit	Credit
1									
2									
3									
4									
5									
6									
7									
8									
9									
10									
11									
12									
13									
14									
15									
16									
17									
18									
19									
20									
21									
22									
23									
24									
25									

Student Name_____

Timmy Jimmy's Electronics

#4.2   **GENERAL LEDGER**

Account **SAMPLE**   No. 110

DATE		ITEM	PR	Debit	Credit	BALANCE Debit	BALANCE Credit
May	15		3	10 0 0 0 50		10 0 0 0 50	
	16		3		5 0 2 5 50	4 9 7 5 0	

Account **CASH**   No. 110

DATE	ITEM	PR	Debit	Credit	BALANCE Debit	BALANCE Credit

Account **ACCOUNTS RECEIVABLE**   No. 120

DATE	ITEM	PR	Debit	Credit	BALANCE Debit	BALANCE Credit

Account **STORE SUPPLIES**   No. 130

DATE	ITEM	PR	Debit	Credit	BALANCE Debit	BALANCE Credit

Account **PRE-PAID INSURANCE**   No. 135

DATE	ITEM	PR	Debit	Credit	BALANCE Debit	BALANCE Credit

Account **TRUCK**   No. 150

DATE	ITEM	PR	Debit	Credit	BALANCE Debit	BALANCE Credit

Account **ACCOUNTS PAYABLE**   No. 210

DATE	ITEM	PR	Debit	Credit	BALANCE Debit	BALANCE Credit

Account **TIMMY JIMMY'S, CAPITAL**   No. 310

DATE	ITEM	PR	Debit	Credit	BALANCE Debit	BALANCE Credit

Account **TIMMY JIMMY'S, DRAWING**   No. 315

DATE	ITEM	PR	Debit	Credit	BALANCE Debit	BALANCE Credit

Account **SALES**   No. 410

DATE	ITEM	PR	Debit	Credit	BALANCE Debit	BALANCE Credit

4.2 Timmy Jimmy - General Ledger page 3

Account PURCHASES — No. 510

| | | | | | BALANCE | |
DATE	ITEM	PR	Debit	Credit	Debit	Credit

Account ADVERTISING EXPENSE — No. 520

| | | | | | BALANCE | |
DATE	ITEM	PR	Debit	Credit	Debit	Credit

Account RENT EXPENSE — No. 525

| | | | | | BALANCE | |
DATE	ITEM	PR	Debit	Credit	Debit	Credit

Account MISCELLANEOUS EXPENSE — No. 530

| | | | | | BALANCE | |
DATE	ITEM	PR	Debit	Credit	Debit	Credit

Account UTILITIES EXPENSE — No. 535

| | | | | | BALANCE | |
DATE	ITEM	PR	Debit	Credit	Debit	Credit

Account WAGE EXPENSE — No. 540

| | | | | | BALANCE | |
DATE	ITEM	PR	Debit	Credit	Debit	Credit

4.2 Timmy Jimmy - Trial Balance

Student Name_____

Timmy Jimmy's Electronics
Trial Balance

4.2

	DESCRIPTION	PR	DEBIT	CREDIT
1				
2				
3				
4				
5				
6				
7				
8				
9				
10				
11				
12				
13				
14				
15				
16				
17				
18				
19				
20				
21				
22				
23				
24				
25				
26				
27				
28				
29				
30				
31				
32				

5.1 Timmy Jimmy - Accounts Receivable Ledger

Student Name_____

Timmy Jimmy's Electronics
ACCOUNTS RECEIVABLE LEDGER

#5.1

Company Name **ACE SCHOOLS**   Account # #

	DATE		ITEM	Post	Debit		Credit		DEBIT Balance
	Month	Day		Ref					
1									
2									
3									
4									
5									

Company Name **D D HOME REPAIR**   Account # #

	DATE		ITEM	Post	Debit		Credit		DEBIT Balance
	Month	Day		Ref					
1									
2									
3									
4									
5									

Company Name **PHIL'S REPAIR**   Account # #

	DATE		ITEM	Post	Debit		Credit		DEBIT Balance
	Month	Day		Ref					
1									
2									
3									
4									
5									

Company Name **RAYMORE BUILDERS**   Account # #

	DATE		ITEM	Post	Debit		Credit		DEBIT Balance
	Month	Day		Ref					
1									
2									
3									
4									
5									

Student Name_____

Timmy Jimmy's Electronics
ACCOUNTS PAYABLE LEDGER

5.1

Company Name **A-Z FINANCE PAYABLE**   Account #

	DATE		ITEM	Post								CREDIT	
	Month	Day		Ref		Debit			Credit			Balance	
1													
2													

Company Name **BANNER & SONS**   Account #

	DATE		ITEM	Post								CREDIT	
	Month	Day		Ref		Debit			Credit			Balance	
1													
2													

Company Name **LAMBERT SUPPLY**   Account #

	DATE		ITEM	Post								CREDIT	
	Month	Day		Ref		Debit			Credit			Balance	
1													
2													

Company Name **SQUARE D**   Account #

	DATE		ITEM	Post								CREDIT	
	Month	Day		Ref		Debit			Credit			Balance	
1													
2													

Company Name **WILD BILL'S**   Account #

	DATE		ITEM	Post								CREDIT	
	Month	Day		Ref		Debit			Credit			Balance	
1													
2													

Company Name **WIRE INC**   Account #

	DATE		ITEM	Post								CREDIT	
	Month	Day		Ref		Debit			Credit			Balance	
1													
2													
3													

5.1 Timmy Jimmy - Schedule of Accounts Receivable and Payable

Student Name_____

Timmy Jimmy's Electronics
Schedule of Accounts Receivable

5.1

	ACCOUNT	PR			Amount

Timmy Jimmy's Electronics
Schedule of Accounts Payable

#5.1

Unlimited Computer Supplies

Student Name _____

CASH - PURCHASES - SALES JOURNAL

Problem # 5.2

Page _____

DATE		ACCOUNT TITLE	POST	GENERAL		PURCHASES	SALES	CASH	
Month	Day		Ref	Debit	Credit	ACC PAYABLE	ACC RECEIVABL	Debit	Credit
1									
2									
3									
4									
5									
6									
7									
8									
9									
10									
11									
12									
13									
14									
15									
16									
17									
18									
19									
20									
21									
22									
23									
24									
25									

5.2 Unlimited Computer Supplies - Cash Purchases Sales Journal page 2

DATE		ACCOUNT TITLE	POST	GENERAL		PURCHASES	SALES	CASH	
Month	Day		Ref	Debit	Credit	ACC PAYABLE	ACC RECEIVABL	Debit	Credit
1									
2									
3									
4									
5									
6									
7									
8									
9									
10									
11									
12									
13									
14									
15									
16									
17									
18									
19									
20									
21									
22									
23									
24									
25				$52,827	$71,700	$8,900	$17,900	$29,300	$10,427

Student Name_____

Unlimited Computer Supplies
GENERAL LEDGER

Problem #5.2

Account **CASH**   No. 110

DATE	ITEM	PR	Debit	Credit	BALANCE Debit	BALANCE Credit

Account **ACCOUNTS RECEIVABLE**   No. 120

DATE	ITEM	PR	Debit	Credit	BALANCE Debit	BALANCE Credit

Account **OFFICE SUPPLIES**   No. 130

DATE	ITEM	PR	Debit	Credit	BALANCE Debit	BALANCE Credit

Account **PRE-PAID INSURANCE**   No. 135

DATE	ITEM	PR	Debit	Credit	BALANCE Debit	BALANCE Credit

5.2 Unlimited Computer Supplies - General Ledger page 2

Account **DELIVERY TRUCK**   No. 140

DATE	ITEM	PR	Debit	Credit	BALANCE Debit	BALANCE Credit

Account **INVENTORY**   No. 150

DATE	ITEM	PR	Debit	Credit	BALANCE Debit	BALANCE Credit

Account **ACCOUNTS PAYABLE**   No. 210

DATE	ITEM	PR	Debit	Credit	BALANCE Debit	BALANCE Credit

Account **NOTES PAYABLE**   No. 240

DATE	ITEM	PR	Debit	Credit	BALANCE Debit	BALANCE Credit

Account **PHIL ROGERS, CAPITAL**   No. 310

DATE	ITEM	PR	Debit	Credit	BALANCE Debit	BALANCE Credit

Account **PHIL ROGERS, DRAWING**   No. 315

DATE	ITEM	PR	Debit	Credit	BALANCE Debit	Credit

Account **SALES**   No. 410

DATE	ITEM	PR	Debit	Credit	BALANCE Debit	Credit

Account **PURCHASES**   No. 510

DATE	ITEM	PR	Debit	Credit	BALANCE Debit	Credit

Account **RENT EXPENSE**   No. 525

DATE	ITEM	PR	Debit	Credit	BALANCE Debit	Credit

Account **MISCELLANEOUS EXPENSE**   No. 530

DATE	ITEM	PR	Debit	Credit	BALANCE Debit	Credit

Account **WAGE EXPENSE**   No. 540

DATE	ITEM	PR	Debit	Credit	BALANCE Debit	Credit

5.2 Unlimited Computer Supplies - Trial Balance

Student Name_____

Unlimited Computer Supply
Trial Balance

#5.2

	DESCRIPTION	PR	DEBIT	CREDIT
1				
2				
3				
4				
5				
6				
7				
8				
9				
10				
11				
12				
13				
14				
15				
16				
17				
18				
19				
20				
21				
22				
23				
24				
25				
26				
27				
28				
29				
30				
31				
32				

Student Name_____

Unlimited Computer Supply

ACCOUNTS RECEIVABLE LEDGER

#5.2

Company Name **COMPUTER REPAIR**   Account # #

	DATE		ITEM	Post				DEBIT
	Month	Day		Ref	Debit	Credit	Balance
1							
2							
3							
4							
5							

Company Name **MEL'S REPAIR**   Account # #

	DATE		ITEM	Post				DEBIT
	Month	Day		Ref	Debit	Credit	Balance
1							
2							
3							
4							
5							

Company Name **WE FIX IT**   Account # #

	DATE		ITEM	Post				DEBIT
	Month	Day		Ref	Debit	Credit	Balance
1							
2							
3							
4							
5							

Company Name   Account #

	DATE		ITEM	Post				DEBIT
	Month	Day		Ref	Debit	Credit	Balance
1							
2							
3							
4							
5							

5.2 Unlimited Computer Supplies - Accounts Payable Ledger

Student Name_____

Unlimited Computer Supplies
ACCOUNTS PAYABLE LEDGER

5.2

Company Name **BRADLEY BROTHERS**   Account # #

	DATE		ITEM	Post			CREDIT
	Month	Day		Ref	Debit	Credit	Balance
1							
2							

Company Name **MURPHY'S SUPPLY**   Account # #

	DATE		ITEM	Post			CREDIT
	Month	Day		Ref	Debit	Credit	Balance
1							
2							

Company Name **SHADY SAM'S**   Account # #

	DATE		ITEM	Post			CREDIT
	Month	Day		Ref	Debit	Credit	Balance
1							
2							

Company Name **TYCO**   Account # #

	DATE		ITEM	Post			CREDIT
	Month	Day		Ref	Debit	Credit	Balance
1							
2							

Company Name   Account #

	DATE		ITEM	Post			CREDIT
	Month	Day		Ref	Debit	Credit	Balance
1							
2							

Company Name   Account #

	DATE		ITEM	Post			CREDIT
	Month	Day		Ref	Debit	Credit	Balance
1							
2							
3							

5.2 Unlimited Computer Supplies - Schedule of Accounts Receivable and Payable

Student Name_____

Unlimited Computer Supplies
Schedule of Accounts Receivable

5.2

ACCOUNT	PR	Amount

Unlimited Computer Supplies
Schedule of Accounts Payable

#5.2

6.1 W. E. Practice - Worksheet

Date

ACCOUNT	TRIAL BALANCE		ADJUSTMENTS COLUMN		E - INCOME STATEMENT - I		A - BALANCE SHEET - L & C	
	Debit	Credit	Debit	Credit	Debit	Credit	Debit	Credit
1 Cash	25,000.60							
2 Pre-paid Insurance	900.00							
3 Office Supplies	600.00							
4 ABC Payable		500.60						
5 W. E. Practice, Capital		20,000.00						
6 W. E. Practice, Drawing	500.00							
7 Sales		9,083.40						
8 Rent Expense	900.00							
9 Wage Expense	1,500.00							
10 Misc. Expense	25.00							
11 Utilities Expense	158.40							
12 Total	29,584.00	29,584.00						
13								
14								
15								
16								
17								
19								
20								

Adjustments:

Supplies on Hand	$150.00
Unexpired Insurance	$360.00

6.2 J. C. Technology - Worksheet

Company J. C. Technology Company   Student Name ___

Date   **Worksheet**

Working Papers   Chapter 6   Page 2

Problem # _6.2

	ACCOUNT	TRIAL BALANCE Debit	TRIAL BALANCE Credit	ADJUSTMENTS COLUMN Debit	ADJUSTMENTS COLUMN Credit	E - INCOME STATEMENT - I Debit	E - INCOME STATEMENT - I Credit	A - BALANCE SHEET - L & C Debit	A - BALANCE SHEET - L & C Credit
1	Cash	12,003.50							
2	Pre-paid Insurance	1,800.00							
3	Office Supplies	600.00							
4	Delivery Truck	24,000.00							
5	Allow Dep Del Truck		6,000.00						
6	J & H Supply Payable		1,560.00						
7	Mountain Shine Payable		909.50						
8	J.C. Tech, Capital		21,000.00						
9	J.C. Tech, Drawing	1,200.00							
10	Sales		13,324.50						
11	Rent Expense	1,800.00							
12	Gas, Oil, Repair Expense	550.00							
13	Miscellaneous Expense	40.50							
14	Wages Expense	800.00							
15	Total	42,794.00	42,794.00						
16									
17									
19									
20									

Adjustments:

Adjustment	Amount
Supplies on Hand	$75.00
Expired Insurance	$600.00
Truck Depreciation	$1,000.00
UnPaid Wages	$100.00

6.3 Unlimited Computer Supply - Worksheet – Basic

How to do Accounting

Student Name_____

Problem # 6.3

Company_____

Worksheet

Date_____

ACCOUNT	TRIAL BALANCE		ADJUSTMENTS COLUMN		E - INCOME STATEMENT - I		A - BALANCE SHEET - L & C	
	Debit	Credit	Debit	Credit	Debit	Credit	Debit	Credit
1								
2								
3								
4								
5								
6								
7								
8								
9								
10								
11								
12								
13								
14								
15								
16								
17								
19								
20								
21								
22								
23								
24								
25								

6.3 Unlimited Computer Supply Challenge – Worksheet

How to do Accounting

Problem # 6.3

Challenge

Company

Worksheet

Date

Student Name _____

ACCOUNT	TRIAL BALANCE Debit	Credit	ADJUSTMENTS COLUMN Debit	Credit	E - INCOME STATEMENT - I Debit	Credit	A - BALANCE SHEET - L & C Debit	Credit
1								
2								
3								
4								
5								
6								
7								
8								
9								
10								
11								
12								
13								
14								
15								
16								
17								
19								
20								
21								
22								
23								
24								
25								

6.4 Boomer's Auto Center Challenge – Worksheet

Company Boomer's Audio Center

Student Name _____

Problem # 6.4

Challenge Problem

Worksheet

Date

ACCOUNT	TRIAL BALANCE Debit	TRIAL BALANCE Credit	ADJUSTMENTS COLUMN Debit	ADJUSTMENTS COLUMN Credit	E - INCOME STATEMENT - I Debit	E - INCOME STATEMENT - I Credit	A - BALANCE SHEET - L & C Debit	A - BALANCE SHEET - L & C Credit
1 Cash	15,329.35							
2 Accounts Receivable	2,283.00							
3 Office Supplies	385.00							
4 Pre-paid Insurance	1,800.00							
5 Inventory	42,392.48							
6 Delivery Truck	35,895.00							
7 Allow Dep Del Truck		10,280.00						
8 A&G Accounts Payable		6,792.55						
9 Harris Audio Sup Payable		4,925.87						
10 Patty Good, Capital		51,581.45						
11 Patty Good, Drawing	1,500.00							
12 *Income Summary								
13 Sales		58,306.51						
14 Rent Expense	2,345.00							
15 Utilities	498.64							
16 Wage Expense	3,564.48							
17 Purchases	25,893.43							
18 Insurance Expense								
19 Supplies Expense								
20 Depreciation Expense								
21 Wages Payable								
22 Total	131,886.38	131,886.38						

* Use Income Summary to close Old Inventory (dr) New Inventory (cr)

Adjustments

Expired Insurance	$ 600.00	Depreciation	$ 5,140.00
Office Supplies on hand	$ 135.00	Ending Inventory	$ 43,973.00
		Wages Payable	$ 834.25

Net Income $20,761.23

7.1 W.E. Practice - Balance Sheet

W.E. Practice

Balance Sheet

Date:

 # 7.1

	ACCOUNTS											
1												
2												
3												
4												
5												
6												
7												
8												
9												
10												
11												
12												
13												
14												
15												
16												
17												
18												
19												
20												
21												

7.2 J. C. Technology - Income and Capital Statement

Student Name_____

J. C. Technology Company
Income Statement
Date

#7.2

	DESCRIPTION	PR												
1														
2														
3														
4														
5														
6														
7														
8														
9														
10														
11														
12														
13														
14														
15														

J. C. Technology Company
Capital Statement
Date:

#7.2

1													
2													
3													
4													
5													
6													
7													
8													
9													

J. C. Technology Company
Balance Sheet

Date:

 # 7.2

	DESCRIPTION	PR													
1															
2															
3															
4															
5															
6															
7															
8															
9															
10															
11															
12															
13															
14															
15															
16															
17															
18															
19															
20															
21															

7.3 Timmy Jimmy Basic - Worksheet

Timmy Jimmy's Electric
WorkSheet

Date _____   Student Name _____

#_7.3 Basic

ACCOUNT	TRIAL BALANCE Debit	TRIAL BALANCE Credit	ADJUSTMENTS Debit	ADJUSTMENTS Credit	INCOME STATEMENT Debit	INCOME STATEMENT Credit	BALANCE SHEET Debit	BALANCE SHEET Credit
1 Cash	16 9 5 3 0							
2 Accounts Receivable	1 8 4 0 0							
3 Store Supplies	8 4 5 0							
4 Pre-Paid Insurance	8 0 0 0							
5 Truck	8 0 0 0 0							
6 Accouns Payable		11 6 2 5 0						
7 Timmy Jimmy's Capital		20 0 0 0 0						
8 Tim Jim's Drawing	5 0 0 0							
9 Sales		5 6 6 8 0						
10 Purchases	7 1 0 0 0							
11 Advertising Expense	1 7 6							
12 Rent Expense	5 5 0							
13 Miscellaneous Expense	3 2							
14 Utilities Expense	9 7							
15 Wage Expense	4 0 0							
16	37 2 9 3 0	37 2 9 3 0	4 7 5 0	4 7 5 0		3 1 6 2 0	3 1 6 2 0	
17								
18								
19								
20								
21								
22								
23								
24								
25 Net Loss - Expenses are more than Income								

7.3 Timmy Jimmy Basic - Income and Capital Statement

Student Name_____

Timmy Jimmy's Electronic
Income Statement
Date:

#7.3 Basic

	ACCOUNTS									
1										
2										
3										
4										
5										
6										
7										
8										
9										
10										
11										
12										
13										
14										
15										

Timmy Jimmy's Electronic
Capital Statement
Date:

#7,3

	Accounts									
1										
2										
3										
4										
5										
6										
7										
8										
9										

Student Name_____

Timmy Jimmy's Electronic
Balance Sheet
Date:

#7.3 Basic

	DESCRIPTION				
1					
2					
3					
4					
5					
6					
7					
8					
9					
10					
11					
12					
13					
14					
15					
16					
17					
18					
19					
20					
21					

7.3 Timmy Jimmy Challenge - Worksheet

7.3 Challenge

Timmy Jimmy's Electric WorkSheet

Date _____ Student Name _____

#	ACCOUNT	TRIAL BALANCE Debit	TRIAL BALANCE Credit	ADJUSTMENTS Debit	ADJUSTMENTS Credit	E-INCOME STATEMENT Debit	E-INCOME STATEMENT Credit	A-BALANCE SHEET Debit	A-BALANCE SHEET Credit
1	Cash	16 9 5 3 0							
2	Accounts Receivable	1 8 4 0 0							
3	Allow Bad Debts								
4	Store Supplies	8 4 5 0							
5	Pre-Paid Insurance	8 0 0 0							
6	Inventory	10 0 0 0 0							
7	Truck	8 0 0 0 0							
8	Allow for Depreciation								
9	Accounts Payable		11 6 2 5 0						
10	Timmy Jimmy's Capital		20 0 0 0 0						
11	Tim Jim's Drawing	5 0 0 0							
12	Income Summary								
13	Sales		15 6 6 8 0						
14	Purchases	7 1 0 0 0							
15	Advertising Expense	1 7 6 0							
16	Rent Expense	5 5 0 0							
17	Miscellaneous Expense	3 2 0							
18	Utilities Expense	9 7 0							
19	Wage Expense	4 0 0 0							
20	Total	47 2 9 3 0	47 2 9 3 0			23 3 4 0 0	23 3 4 0 0	7 9 7 3 0	
21									
22									
23									
24									
25									
26									
27	Net Income $7,973								7 9 7 3 0

Student Name_____

Timmy Jimmy's Electroic
Income Statement

Date:

#7.3 Challenge

	DESCRIPTION												
1													
2													
3													
4													
5													
6													
7													
8													
9													
10													
11													
12													
13													
14													
15													
16													
17													
18													
19													
20													
21													
22													
23													
24													
25													
26													

7.3 Timmy Jimmy Challenge - Capital Statement and Balance Sheet

Student Name_____

Timmy Jimmy's Electronic

Capital Statement

Date

#7.3 Challenge

	ACCOUNTS													
1														
2														
3														
4														
5														
6														

Timmy Jimmy's Electronic

Balance Sheet

Date

#7.3 Challenge

	DESCRIPTION													
1														
2														
3														
4														
5														
6														
7														
8														
9														
10														
11														
12														
13														
14														
15														
16														
17														
18														
19														

Student Name_____

Boomer's Audio Center
Income Statement
Date
#7.4 Challenge

	DESCRIPTION											
1												
2												
3												
4												
5												
6												
7												
8												
9												
10												
11												
12												
13												
14												
15												
16												
17												
18												
19												
20												
21												
22												
23												
24												
25												
26												

7.4 Boomer's Audio Center Challenge - Capital Statement and Balance Sheet

Student Name_____

Boomer's Audio Center
Capital Statement
Date

#7.4 Challenge

1													
2													
3													
4													
5													
6													

Boomer's Audio Center
Balance Sheet
Date

#7.4

	DESCRIPTION												
1													
2													
3													
4													
5													
6													
7													
8													
9													
10													
11													
12													
13													
14													
15													
16													
17													
18													
19													
20													

8.1 W. E. Practice - Adjusting and Closing Entries

Worksheet from 6.1   Student Name_____

	W.E. Practice				
8.1	**GENERAL JOURNAL**			Page_____	

	DATE		DESCRIPTION	PR	DEBIT	CREDIT
1			Adjusting Entries			
2						
3						
4						
5						
6						
7						
8						
9			Closing Entries			
10						
11						
12						
13						
14						
15						
16						
17						
18						
19						
20						
21						
22						
23						
24						
25						
26						
27						
28						
29						
30						
31						
32						

8.2 J.C. Technology - Adjusting and Closing Entries

Student Name_____

J. C. Technology Company

8.2   GENERAL JOURNAL   Page_____

	DATE		DESCRIPTION	PR	DEBIT	CREDIT
1			Adjusting Entries			
2						
3						
4						
5						
6						
7						
8						
9						
10						
11						
12			Closing Entries			
13						
14						
15						
16						
17						
18						
19						
20						
21						
22						
23						
24						
25						
26						
27						
28						
29						
30						
31						
32						

8.3 Timmy Jimmy's - Adjusting and Closing Entries

Student Name_____

Timmy Jimmy's Electronics

8.3   GENERAL JOURNAL   Page_____

	DATE		DESCRIPTION	PR	DEBIT	CREDIT
1						
2						
3						
4						
5						
6						
7						
8						
9						
10						
11						
12						
13						
14						
15						
16						
17						
18						
19						
20						
21						
22						
23						
24						
25						
26						
27						
28						
29						
30						
31						
32						

Student Name_____

8.3

Timmy Jimmy's Electronics
GENERAL LEDGER

Account **CASH**   No. 110

DATE	ITEM	PR	Debit	Credit	BALANCE Debit	BALANCE Credit
	BALANCE				$16,953.00	

Account **ACCOUNTS RECEIVABLE**   No. 120

DATE	ITEM	PR	Debit	Credit	BALANCE Debit	BALANCE Credit
	BALANCE				$1,840.00	

Account **STORE SUPPLIES**   No. 130

DATE	ITEM	PR	Debit	Credit	BALANCE Debit	BALANCE Credit
	BALANCE				$845.00	

Account **PRE-PAID INSURANCE**   No. 135

DATE	ITEM	PR	Debit	Credit	BALANCE Debit	BALANCE Credit
	BALANCE				$800.00	

Account **TRUCK**   No. 150

DATE	ITEM	PR	Debit	Credit	BALANCE Debit	BALANCE Credit
	BALANCE				$8,000.00	

GENERAL LEDGER

Account ACCOUNTS PAYABLE   No. 210

DATE	ITEM	PR	Debit	Credit	BALANCE Debit	BALANCE Credit
	BALANCE					$11,625.00

Account WAGES PAYABLE   No. 215

DATE	ITEM	PR	Debit	Credit	BALANCE Debit	BALANCE Credit

Account TIMMY JIMMY'S, CAPITAL   No. 310

DATE	ITEM	PR	Debit	Credit	BALANCE Debit	BALANCE Credit
	BALANCE					$20,000.00

Account TIMMY JIMMY'S, DRAWING   No. 315

DATE	ITEM	PR	Debit	Credit	BALANCE Debit	BALANCE Credit
	BALANCE				$500.00	

Account INCOME SUMMARY   No. 320

DATE	ITEM	PR	Debit	Credit	BALANCE Debit	BALANCE Credit

Account **SALES** No. 410

DATE	ITEM	PR	Debit	Credit	BALANCE Debit	BALANCE Credit
	BALANCE					$5,668.00

Account **PURCHASES** No. 510

DATE	ITEM	PR	Debit	Credit	BALANCE Debit	BALANCE Credit
	BALANCE				$7,100.00	

Account **ADVERTISING EXPENSE** No. 520

DATE	ITEM	PR	Debit	Credit	BALANCE Debit	BALANCE Credit
	BALANCE				$176.00	

Account **RENT EXPENSE** No. 525

DATE	ITEM	PR	Debit	Credit	BALANCE Debit	BALANCE Credit
	BALANCE				$550.00	

Account **MISCELLANEOUS EXPENSE** No. 530

DATE	ITEM	PR	Debit	Credit	BALANCE Debit	BALANCE Credit
	BALANCE				$32.00	

Account **UTILITIES EXPENSE** No. 535

					BALANCE	
DATE	ITEM	PR	Debit	Credit	Debit	Credit
	BALANCE				$97.00	

Account **WAGE EXPENSE** No. 540

					BALANCE	
DATE	ITEM	PR	Debit	Credit	Debit	Credit
	BALANCE				$400.00	

Account **STORE SUPPLIES EXPENSE** No. 550

					BALANCE	
DATE	ITEM	PR	Debit	Credit	Debit	Credit

Account **EXPIRED INSURANCE** No. 555

					BALANCE	
DATE	ITEM	PR	Debit	Credit	Debit	Credit

Student Name_____

Timmy Jimmy's Electronics
Post Closing Trial Balance

8.3   Page_____

	DESCRIPTION			DEBIT		CREDIT
1						
2						
3						
4						
5						
6						
7						
8						
9						
10						
11						
12						
13						
14						
15						
16						
17						
18						
19						
20						
21						
22						
23						
24						
25						
26						
27						
28						
29						
30						

8.4 Timmy Jimmy's Challenge - Adjusting and Closing Entries

Challenge Problem   Student Name_____

Timmy Jimmy's Electronics

8.4   GENERAL JOURNAL   Page_____

	DATE		DESCRIPTION	PR	DEBIT	CREDIT
1						
2						
3						
4						
5						
6						
7						
8						
9						
10						
11						
12						
13						
14						
15						
16						
17						
18						
19						
20						
21						
22						
23						
24						
25						
26						
27						
28						
29						
30						
31						
32						
33						
34						
35						
36						
37						
38						
39						
40						

Challenge Problem   Student Name_____

Timmy Jimmy's Electronics

Problem #8.4   **GENERAL LEDGER**

Account   **CASH**   No. 110

DATE	ITEM	PR	Debit	Credit	BALANCE Debit	BALANCE Credit

Account   **ACCOUNTS RECEIVABLE**   No. 120

DATE	ITEM	PR	Debit	Credit	BALANCE Debit	BALANCE Credit

Account   **Allowance for Doubtful Accounts**   No. 121

DATE	ITEM	PR	Debit	Credit	BALANCE Debit	BALANCE Credit

Account   **STORE SUPPLIES**   No. 130

DATE	ITEM	PR	Debit	Credit	BALANCE Debit	BALANCE Credit

Account PRE-PAID INSURANCE   No. 135

					BALANCE	
DATE	ITEM	PR	Debit	Credit	Debit	Credit

Account INVENTORY   No. 150

					BALANCE	
DATE	ITEM	PR	Debit	Credit	Debit	Credit

Account TRUCK   No. 160

					BALANCE	
DATE	ITEM	PR	Debit	Credit	Debit	Credit

Account Allowance for Doubtful Accounts   No. 161

					BALANCE	
DATE	ITEM	PR	Debit	Credit	Debit	Credit

Account ACCOUNTS PAYABLE   No. 210

					BALANCE	
DATE	ITEM	PR	Debit	Credit	Debit	Credit

Account WAGES PAYABLE   No. 215

					BALANCE	
DATE	ITEM	PR	Debit	Credit	Debit	Credit

8.4 Timmy Jimmy's Challenge – General Ledger page 3

Account **TIMMY JIMMY'S, CAPITAL**   No. 310

DATE	ITEM	PR	Debit	Credit	BALANCE Debit	Credit

Account **TIMMY JIMMY'S, DRAWING**   No. 315

DATE	ITEM	PR	Debit	Credit	BALANCE Debit	Credit

Account **INCOME SUMMARY**   No. 320

DATE	ITEM	PR	Debit	Credit	BALANCE Debit	Credit

Account **SALES**   No. 410

DATE	ITEM	PR	Debit	Credit	BALANCE Debit	Credit
Aug 31	Balance	Jim				15 6 6 8

Account **PURCHASES**   No. 510

DATE	ITEM	PR	Debit	Credit	BALANCE Debit	Credit

Account **ADVERTISING EXPENSE** No. 520

DATE	ITEM	PR	Debit	Credit	BALANCE Debit	BALANCE Credit

Account **RENT EXPENSE** No. 525

DATE	ITEM	PR	Debit	Credit	BALANCE Debit	BALANCE Credit

Account **MISCELLANEOUS EXPENSE** No. 530

DATE	ITEM	PR	Debit	Credit	BALANCE Debit	BALANCE Credit

Account **UTILITIES EXPENSE** No. 535

DATE	ITEM	PR	Debit	Credit	BALANCE Debit	BALANCE Credit

Account **WAGE EXPENSE** No. 540

DATE	ITEM	PR	Debit	Credit	BALANCE Debit	BALANCE Credit

Account **STORE SUPPLIES EXPENSE** No. 550

DATE	ITEM	PR	Debit	Credit	BALANCE Debit	BALANCE Credit

Account **EXPIRED INSURANCE**   No. 555

						BALANCE	
DATE	ITEM	PR	Debit	Credit		Debit	Credit

Account **BAD DEBTS EXPENSE**   No. 560

						BALANCE	
DATE	ITEM	PR	Debit	Credit		Debit	Credit

Account **DEPRECIATION EXPENSE**   No. 565

						BALANCE	
DATE	ITEM	PR	Debit	Credit		Debit	Credit

8.4 Timmy Jimmy's Challenge – Post Closing Trial Balance

Challenge Problem   Student Name_____

Timmy Jimmy's Electronics
Post Closing Trial Balance

#8.4   Page_____

	ACCOUNT NAME	PR	DEBIT	CREDIT
1				
2				
3				
4				
5				
6				
7				
8				
9				
10				
11				
12				
13				
14				
15				
16				
17				
18				
19				
20				
21				
22				
23				
24				
25				
26				
27				
28				
29				
30				

Student Name_____

Unlimited Computer Supply
Income Statement

#8.5

	DESCRIPTION														
1															
2															
3															
4															
5															
6															
7															
8															
9															
10															
11															
12															
13															
14															
15															
16															
17															
18															
19															
20															
21															
22															
23															
24															
25															
26															

Student Name_____

Unlimited Computer Supply
Capital Statement

#8.5

1													
2													
3													
4													
5													
6													

Unlimited Computer Supply
Balance Sheet

#8.5

	DESCRIPTION												
1													
2													
3													
4													
5													
6													
7													
8													
9													
10													
11													
12													
13													
14													
15													
16													

Student Name_____

Unlimited Computer Supply

8.5   **GENERAL JOURNAL**   Page_____

	DATE		DESCRIPTION	PR	DEBIT	CREDIT
1						
2						
3						
4						
5						
6						
7						
8						
9						
10						
11						
12						
13						
14						
15						
16						
17						
18						
19						
20						
21						
22						
23						
24						
25						
26						
27						
28						
29						
30						
31						
32						

Student Name_____

Unlimited Computer Supply

#8.5 **GENERAL LEDGER**

Account **CASH**   No. 110

DATE	ITEM	PR	Debit	Credit	BALANCE Debit	BALANCE Credit

Account **ACCOUNTS RECEIVABLE**   No. 120

DATE	ITEM	PR	Debit	Credit	BALANCE Debit	BALANCE Credit

Account **OFFICE SUPPLIES**   No. 130

DATE	ITEM	PR	Debit	Credit	BALANCE Debit	BALANCE Credit

Account **PRE-PAID INSURANCE**   No. 135

DATE	ITEM	PR	Debit	Credit	BALANCE Debit	BALANCE Credit

8.5 Unimited Computer Supply – General Ledger page 2

Account DELIVERY TRUCK   No. 140

					BALANCE	
DATE	ITEM	PR	Debit	Credit	Debit	Credit

Account ALLOWANCE FOR TRUCK DEPRECIATION   No. 145

					BALANCE	
DATE	ITEM	PR	Debit	Credit	Debit	Credit

Account INVENTORY   No. 150

					BALANCE	
DATE	ITEM	PR	Debit	Credit	Debit	Credit

Account ACCOUNTS PAYABLE   No. 210

					BALANCE	
DATE	ITEM	PR	Debit	Credit	Debit	Credit

Account WAGES PAYABLE   No. 220

					BALANCE	
DATE	ITEM	PR	Debit	Credit	Debit	Credit

Account **NOTES PAYABLE**   No. 240

DATE	ITEM	PR	Debit	Credit	BALANCE Debit	BALANCE Credit

Account **PHIL ROGERS, CAPITAL**   No. 310

DATE	ITEM	PR	Debit	Credit	BALANCE Debit	BALANCE Credit

Account **PHIL ROGERS, DRAWING**   No. 315

DATE	ITEM	PR	Debit	Credit	BALANCE Debit	BALANCE Credit

Account **INCOME SUMMARY**   No. 340

DATE	ITEM	PR	Debit	Credit	BALANCE Debit	BALANCE Credit

Account **SALES**   No. 410

DATE	ITEM	PR	Debit	Credit	BALANCE Debit	BALANCE Credit

Account **PURCHASES**   No. 510

DATE	ITEM	PR	Debit	Credit	BALANCE Debit	BALANCE Credit

Account **EXPIRED INSURANCE** No. 515

					BALANCE	
DATE	ITEM	PR	Debit	Credit	Debit	Credit

Account **DEPRECIAITON EXPENSE** No. 520

					BALANCE	
DATE	ITEM	PR	Debit	Credit	Debit	Credit

Account **RENT EXPENSE** No. 525

					BALANCE	
DATE	ITEM	PR	Debit	Credit	Debit	Credit

Account **SUPPLIES EXPENSE** No. 530

					BALANCE	
DATE	ITEM	PR	Debit	Credit	Debit	Credit

Account **MISCELLANEOUS EXPENSE** No. 530

					BALANCE	
DATE	ITEM	PR	Debit	Credit	Debit	Credit

Account **WAGE EXPENSE** No. 540

					BALANCE	
DATE	ITEM	PR	Debit	Credit	Debit	Credit

8.5 Unlimited Computer Supply – Post Closing Trial Balance

Student Name_____

Unlimited Computer Supply
Post Closing Trial Balance

#8.5   Page_____

	ACCOUNT NAME	PR	DEBIT	CREDIT
1				
2				
3				
4				
5				
6				
7				
8				
9				
10				
11				
12				
13				
14				
15				
16				
17				
18				
19				
20				
21				
22				
23				
24				
25				
26				
27				
28				
29				
30				

Student Name_____

Unlimited Computer Supply
Income Statement

8.6 Challenge

	DESCRIPTION												
1													
2													
3													
4													
5													
6													
7													
8													
9													
10													
11													
12													
13													
14													
15													
16													
17													
18													
19													
20													
21													
22													
23													
24													
25													
26													

Student Name_____

Unlimited Computer Supply

Capital Statement

8.6

1				
2				
3				
4				
5				
6				

Unlimited Computer Supply

Balance Sheet

8.6

	DESCRIPTION			
1				
2				
3				
4				
5				
6				
7				
8				
9				
10				
11				
12				
13				
14				
15				
16				
17				
18				
19				

Student Name_____

Unlimited Computer Supply

#8.6 **GENERAL JOURNAL** Page_____

	DATE		DESCRIPTION	PR	DEBIT	CREDIT
1						
2						
3						
4						
5						
6						
7						
8						
9						
10						
11						
12						
13						
14						
15						
16						
17						
18						
19						
20						
21						
22						
23						
24						
25						
26						
27						
28						
29						
30						
31						
32						

Student Name_____

Unlimited Computer Supply

#8.6   **GENERAL LEDGER**

Account **CASH**   No. 110

DATE	ITEM	PR	Debit	Credit	BALANCE Debit	Credit

Account **ACCOUNTS RECEIVABLE**   No. 120

DATE	ITEM	PR	Debit	Credit	BALANCE Debit	Credit

Account **OFFICE SUPPLIES**   No. 130

DATE	ITEM	PR	Debit	Credit	BALANCE Debit	Credit

Account **PRE-PAID INSURANCE**   No. 135

DATE	ITEM	PR	Debit	Credit	BALANCE Debit	Credit

Account **DELIVERY TRUCK**   No. 140

DATE	ITEM	PR	Debit	Credit	BALANCE Debit	Credit

Account **ALLOWANCE FOR TRUCK DEPRECIATION**   No. 145

DATE	ITEM	PR	Debit	Credit	BALANCE Debit	BALANCE Credit

Account **INVENTORY**   No. 150

DATE	ITEM	PR	Debit	Credit	BALANCE Debit	BALANCE Credit

Account **ACCOUNTS PAYABLE**   No. 210

DATE	ITEM	PR	Debit	Credit	BALANCE Debit	BALANCE Credit

Account **WAGES PAYABLE**   No. 220

DATE	ITEM	PR	Debit	Credit	BALANCE Debit	BALANCE Credit

Account **NOTES PAYABLE**   No. 240

DATE	ITEM	PR	Debit	Credit	BALANCE Debit	BALANCE Credit

Account **PHIL ROGERS, CAPITAL**   No. 310

DATE	ITEM	PR	Debit	Credit	BALANCE Debit	Credit

Account **PHIL ROGERS, DRAWING**   No. 315

DATE	ITEM	PR	Debit	Credit	BALANCE Debit	Credit

Account **INCOME SUMMARY**   No. 340

DATE	ITEM	PR	Debit	Credit	BALANCE Debit	Credit

Account **SALES**   No. 410

DATE	ITEM	PR	Debit	Credit	BALANCE Debit	Credit

Account **PURCHASES**   No. 510

DATE	ITEM	PR	Debit	Credit	BALANCE Debit	Credit

Account **EXPIRED INSURANCE**   No. 515

| | | | | | BALANCE | |
DATE	ITEM	PR	Debit	Credit	Debit	Credit

Account **DEPRECIAITON EXPENSE**   No. 520

| | | | | | BALANCE | |
DATE	ITEM	PR	Debit	Credit	Debit	Credit

Account **RENT EXPENSE**   No. 525

| | | | | | BALANCE | |
DATE	ITEM	PR	Debit	Credit	Debit	Credit

Account **SUPPLIES EXPENSE**   No. 530

| | | | | | BALANCE | |
DATE	ITEM	PR	Debit	Credit	Debit	Credit

Account **MISCELLANEOUS EXPENSE**   No. 530

| | | | | | BALANCE | |
DATE	ITEM	PR	Debit	Credit	Debit	Credit

Account **WAGE EXPENSE**   No. 540

| | | | | | BALANCE | |
DATE	ITEM	PR	Debit	Credit	Debit	Credit

8.6 Unlimited Computer Supply Challenge – Post Closing Trial Balance

Unlimited Computer Supply
Post Closing Trial Balance

8.6

Page_____

	ACCOUNT NAME	PR	DEBIT	CREDIT
1				
2				
3				
4				
5				
6				
7				
8				
9				
10				
11				
12				
13				
14				
15				
16				
17				
18				
19				
20				
21				
22				
23				
24				
25				
26				
27				
28				
29				

9.3 Sparks and Sparks and 9.4 Who Knows General – General Journal
9.1 and 9.2 are in Student Text

Student Name_____

Sparks & Sparks
9.3 **GENERAL JOURNAL** Page_____

	DATE		DESCRIPTION	PR	DEBIT	CREDIT
1						
2						
3						
4						
5						
6						
7						
8						
9						
10						
11						
12						

Who Knows General
9.4 **GENERAL JOURNAL** Page_____

1						
2						
3						
4						
5						
6						
7						
8						
9						
10						
11						
12						

Student Name _____

Page _____

T. D. Fenwick - Sweets for the Sweet
CASH - PURCHASES - SALES JOURNAL

DATE Month	Day	ACCOUNT TITLE	POST Ref	GENERAL Debit	GENERAL Credit	PURCHASES ACC PAYABLE	SALES ACC RECEIVABLE	CASH Debit	CASH Credit
	1								
	2								
	3								
	4								
	5								
	6								
	7								
	8								
	9								
	10								
	11								
	12								
	13								
	14								
	15								
	16								
	17								
	18								
	19								
	20								
	21								
	22	November Totals		$16,260.00	$40,300.00	$3,800.00	$9,500.00	$30,000.00	$5,960.00
	23								
	24								
	25								
	26								
	27								
	28								

9.5 T.D. Fenwick – Cash Purchases Sales Journal page 2

DATE	ACCOUNT TITLE	POST	GENERAL		PURCHASES ACC PAYABLE	SALES ACC RECEIVABLE	CASH Debit	CASH Credit
1								
2								
3								
4								
5								
6								
7								
8								
9								
10								
11								
12								
13								
14								
15								
16								
17								
18								
19								
20								
21								
22								
23								
24								
25								
26	December Totals		$4,943.00	$10,450.00	$3,750.00	$7,300.00	$10,450.00	$4,943.00
27	Year 2,000							
28								
29								

Student Name_____

T. D. Fenwick Sweets for the Sweet

#9.5 **GENERAL LEDGER**

Account **CASH** No. 110

DATE	ITEM	PR	Debit	Credit	BALANCE Debit	Credit

Account **ACCOUNTS RECEIVABLE** No. 120

DATE	ITEM	PR	Debit	Credit	BALANCE Debit	Credit

Account **OFFICE SUPPLIES** No. 130

DATE	ITEM	PR	Debit	Credit	BALANCE Debit	Credit

Account **PRE-PAID INSURANCE** No. 135

DATE	ITEM	PR	Debit	Credit	BALANCE Debit	Credit

Account **DELIVERY TRUCK**   No. 150

DATE	ITEM	PR	Debit	Credit	BALANCE Debit	Credit

Account **ALLOWANCE FOR TRUCK DEPRECIATION**   No. 155

DATE	ITEM	PR	Debit	Credit	BALANCE Debit	Credit

Account **INVENTORY**   No. 160

DATE	ITEM	PR	Debit	Credit	BALANCE Debit	Credit

Account **ACCOUNTS PAYABLE**   No. 210

DATE	ITEM	PR	Debit	Credit	BALANCE Debit	Credit

Account **INTEREST PAYABLE**   No. 215

DATE	ITEM	PR	Debit	Credit	BALANCE Debit	Credit

Account **WAGES PAYABLE**   No. 225

DATE	ITEM	PR	Debit	Credit	BALANCE Debit	Credit

9.5 T.D. Fenwick – General Ledger page 3

Account **NOTES PAYABLE**   No. 230

DATE	ITEM	PR	Debit	Credit	BALANCE Debit	BALANCE Credit

Account **T. D. FENWEICK, CAPITAL**   No. 310

DATE	ITEM	PR	Debit	Credit	BALANCE Debit	BALANCE Credit

Account **T. D. FENWICK, DRAWING**   No. 340

DATE	ITEM	PR	Debit	Credit	BALANCE Debit	BALANCE Credit

Account **INCOME SUMMARY**   No. 330

DATE	ITEM	PR	Debit	Credit	BALANCE Debit	BALANCE Credit

Account **SALES**   No. 410

DATE	ITEM	PR	Debit	Credit	BALANCE Debit	BALANCE Credit

Account **PURCHASES**   No. 510

					BALANCE	
DATE	ITEM	PR	Debit	Credit	Debit	Credit

Account **GAS & OIL EXPENSE**   No. 520

					BALANCE	
DATE	ITEM	PR	Debit	Credit	Debit	Credit

Account **RENT EXPENSE**   No. 525

					BALANCE	
DATE	ITEM	PR	Debit	Credit	Debit	Credit

Account **MISCELLANEOUS EXPENSE**   No. 530

					BALANCE	
DATE	ITEM	PR	Debit	Credit	Debit	Credit

Account **TELEPHONE EXPENSE**   No. 535

					BALANCE	
DATE	ITEM	PR	Debit	Credit	Debit	Credit

Account **UTILITIES EXPENSE**   No. 540

					BALANCE	
DATE	ITEM	PR	Debit	Credit	Debit	Credit

Account **WAGE EXPENSE** No. 545

DATE	ITEM	PR	Debit	Credit	BALANCE Debit	Credit

Account **INSURANCE EXPENSE** No. 550

DATE	ITEM	PR	Debit	Credit	BALANCE Debit	Credit

Account **DEPRECIATION EXPENSE** No. 555

DATE	ITEM	PR	Debit	Credit	BALANCE Debit	Credit

Account **OFFICE SUPPLY EXPENSE** No. 560

DATE	ITEM	PR	Debit	Credit	BALANCE Debit	Credit

Account **INTEREST EXPENSE** No. 565

DATE	ITEM	PR	Debit	Credit	BALANCE Debit	Credit

9.5 T.D. Fenwick – Accounts Payable Ledger

Student Name_____

T. D. Fenwick Sweets for the Sweet
ACCOUNTS PAYABLE LEDGER

9.5

Company Name **CHOCOLATE CRAFTERS**　　　　　　　　Account #　80

| | DATE | | ITEM | Post | TRIAL BALANCE | | CREDIT |
	Month	Day		Ref	Debit	Credit	Balance
1							
2							

Company Name **MALLETT OFFICE SUPPLY**　　　　　　Account #　82

| | DATE | | ITEM | Post | TRIAL BALANCE | | CREDIT |
	Month	Day		Ref	Debit	Credit	Balance
1							
2							

Company Name **SANTA'S CANDY CANE**　　　　　　　Account #　83

| | DATE | | ITEM | Post | TRIAL BALANCE | | CREDIT |
	Month	Day		Ref	Debit	Credit	Balance
1							
2							

Company Name **FRED WILEY & SON**　　　　　　　　Account #　84

| | DATE | | ITEM | Post | TRIAL BALANCE | | CREDIT |
	Month	Day		Ref	Debit	Credit	Balance
1							
2							
3							

Company Name 　　　　　　　　　　　　　　　　　Account #

| | DATE | | ITEM | Post | TRIAL BALANCE | | CREDIT |
	Month	Day		Ref	Debit	Credit	Balance
1							
2							
3							

9.5 T.D. Fenwick – Accounts Receivable Ledger

Student Name_____

T. D. Fenwick Sweets for the Sweet

ACCOUNTS RECEIVABLE LEDGER

9.5

Company Name **CANDY CORNER**   Account # #

	DATE		ITEM	Pos	TRIAL BALANCE		DEBIT
	Month	Day		Ref	Debit	Credit	Balance
1							
2							
3							
4							
5							

Company Name **D. DAN'S MALT SHOP**   Account # #

	DATE		ITEM	Pos	TRIAL BALANCE		DEBIT
	Month	Day		Ref	Debit	Credit	Balance
1							
2							
3							

Company Name **KAROL'S KONFECTIONERIES**   Account # #

	DATE		ITEM	Pos	TRIAL BALANCE		DEBIT
	Month	Day		Ref	Debit	Credit	Balance
1							
2							
3							
4							
5							

Company Name **SARA'S SWEET SHOP**   Account # #

	DATE		ITEM	Pos	TRIAL BALANCE		DEBIT
	Month	Day		Ref	Debit	Credit	Balance
1							
2							
3							
4							
5							

9.5 T.D. Fenwick – Schedule of Accounts Receivable and Payable

Student Name_____

T. D. Fenwick - Sweets for the Sweet
Schedule of Accounts Receivable

9.5

ACCOUNT	PR		Amount

T. D. Fenwick - Sweets for the Sweet
Schedule of Accounts Payable

9.5

			Amount

9.5 T.D. Fenwick – Trial Balance

Student Name_____

T. D. Fenwick - Sweets for the Sweet

9.5		Trial Balance			Page_____

	DATE		DESCRIPTION	PR	DEBIT	CREDIT
1			Cash			
2			Accounts Receivable			
3			Office Supplies			
4			Pre-paid Insurance			
5			Delivery Truck			
6			* Allow Dep Truck			
7			Inventory			
8			Accounts Payable			
9			Notes Payable			
10			T.D.Fenwick, Capital			
11			T.D.Fenwick, Drawing			
12			*Income Summary			
13			Sales			
14			Purchases			
15			Gas & Oil Expense			
16			Rent Expense			
17			Miscellaneous Expense			
18			Telephone Expense			
19			Utilities Expense			
20			Wage Expense			
21						
22						
23						
24						
25						
26						
27						
28			*These Accounts inserted on Worksheet			
29						
30						
31			Trial Balance Total		$61,650.00	$61,650.00

9.5 T.D. Fenwick – Worksheet

T. D. Fenwick - Sweets for the Sweet

WorkSheet

Date _____   Student Name _____

#9.5

	ACCOUNT	TRIAL BALANCE Debit	TRIAL BALANCE Credit	ADJUSTMENTS COLUMN Debit	ADJUSTMENTS COLUMN Credit	E - INCOME STATEMENT - I Debit	E - INCOME STATEMENT - I Credit	A - BALANCE SHEET - L & C Debit	A - BALANCE SHEET - L & C Credit
1	Cash	29,547							
2	Accounts Receivable	6,350							
3	Office Supplies	395							
4	Pre-paid Insurance	2,400							
5	Delivery Truck	10,000							
6	Allow Dep Truck								
7	Inventory	2,000							
8	Accounts Payable		5,350						
9	Notes Payable		7,500						
10	T.D.Fenwick, Capital		32,000						
11	T.D.Fenwick, Drawing	200							
12	*Income Summary								
13	Sales		16,800						
14	Purchases	7,550							
15	Gas & Oil Expense	234							
16	Rent Expense	2,000							
17	Miscellaneous Expense	15							
18	Telephone Expense	71							
19	Utilities Expense	350							
20	Wage Expense	538							
21		61,650	61,650						
22	Office Supplies Expense								
23	Insurance Expense								
24	Depreciation Expense								
25	Interest Expense								
26	Interest Payable								
27	Wages Payable								
28									
29	Net Income $5,033.00	$61,650.00		$5,609.00	$5,609.00				

Student Name_____

T. D. Fenwick - Sweets for the Sweet
Income Statement

#9.5

	DESCRIPTION					
1						
2						
3						
4						
5						
6						
7						
8						
9						
10						
11						
12						
13						
14						
15						
16						
17						
18						
19						
20						
21						
22						
23						
24						
25						
26						

9.5 T.D. Fenwick – Capital Statement and Balance Sheet

Student Name_____

T. D. Fenwick - Sweets for the Sweet
Capital Statement

 # 9.5

1				
2				
3				
4				
5				
6				

T. D. Fenwick - Sweets for the Sweet
Balance Sheet

 # 9.5

	DESCRIPTION			
1				
2				
3				
4				
5				
6				
7				
8				
9				
10				
11				
12				
13				
14				
15				
16				
17				
18				
19				
20				
21				

9.5 T.D. Fenwick – Adjusting and Closing Entries

Student Name_____

T. D. Fenwick - Sweets for the Sweet

9.5   GENERAL JOURNAL   Page_____

	DATE		DESCRIPTION	PR	DEBIT	CREDIT
1			**Adjusting Entries**			
2						
3						
4						
5						
6						
7						
8						
9						
10						
11						
12						
13						
14						
15						
16						
17			**Closing Entries**			
18						
19						
20						
21						
22						
23						
24						
25						
26						
27						
28						
29						
30						
31						
32						

GENERAL JOURNAL

9.5

	DATE		DESCRIPTION	PR	DEBIT	CREDIT
1						
2						
3						
4						
5						
6						
7						
8						
9						
10						
11						
12						
13						
14						
15						
16						
17						
18						
19						
20						

Student Name_____

T. D. Fenwick - Sweets for the Sweet
Post Closing Trial Balance

Date:

9.5

Page_____

	ACCOUNT NAME	PR	DEBIT	CREDIT
1				
2				
3				
4				
5				
6				
7				
8				
9				
10				
11				
12				
13				
14				
15				
16				
17				
18				
19				
20